一看就懂的中華文化常識

交通篇

李天飛　著

商務印書館

目錄

造車

輪子

我們現在身處春秋時期的魯國。咦，現在時空之鏡的位置，在離這裏一千多里的秦國！沒有了時空之鏡，我們就不能隨意飛行了。

那我們找匹馬騎吧……

在春秋時期，馬不是騎的，而是拉車用的。既沒有不拉車的馬，也沒有不用馬的車。我們繼續發揮 DIY 精神，造一輛車吧！

接下來應該怎麼做呢，用鋸子嗎？

不行，現在還沒有大型的鋸子。讓我來教你們吧！

我弄來了一根木頭！

　　第一步，在木頭上鑿出一排孔，然後打進一排楔子，利用楔子的力量，把木頭撐開。

　　第二步，用斧頭劈。再用這個工具，叫「斤」，用它把木材的表面剷平，再用刮刀細細地刮。你看「斤」這個字，甲骨文寫成「ㄣ」就是一根柄上面安了一個鋒利的鏟頭。最後，再用粗石頭慢慢地磨。

那我們現在是不是要先造輪子？

輪子是從圓圓的樹幹上劈下來的嗎？

車輪 拼出來的

不是哦，輪子是把木頭彎曲之後做成的。

第一步，先把木頭加工成一條一條的，然後用火烤。木材受熱會變軟，就能慢慢地把木材彎成圓弧了，這叫「輮 (róu)」。一個輪子，要用幾條彎曲的木材拼起來。

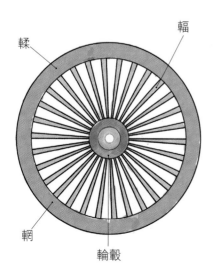

輪子要有「輻 (fú)」，一般是三十根，聚攏在中間的一塊圓木頭上。這塊圓木頭，叫「輪轂 (gǔ)」。今天汽車輪子中間的輪圈，還叫輪轂。光線、熱力從中心向各個方向沿着直線伸展出去，形狀像車輻，所以就叫「輻射」。

現在讓我們測試一下這個輪子有沒有問題。

第一個測試，把輪子放在一個圓盤上，看看是不是一個標準的圓。

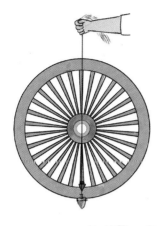

第二個測試，掛一根線墜，看看輻條是不是筆直的。

第三個測試，把輪子扔水裏，看它漂起來後，是不是平的。因為有可能一邊輕一邊重。如果哪裏歪斜了，也要校正。

第四個測試，稱稱兩個輪子是不是一樣重，不然跑起來車會偏的。

三十輻，共一轂

　　出自《道德經》，整句話是「三十輻，共一轂，當其無，有車之用」。意思是三十根輻條，安在一個輪轂上。輪轂的中間是空的，這樣車軸才能轉動起來，起到輪子的作用。

甘肅馬家塬墓葬出土的戰國車輪

輪扁

　　輪扁是齊國造車輪的工匠。有一天，齊桓公在堂上讀書，輪扁在堂下砍木材製作車輪。輪扁聽了一會兒，就問：「您讀的是甚麼書呀？」桓公說：「是古代聖人的書。」輪扁問：「聖人還在嗎？」桓公說：「已經死去了。」輪扁說：「那您讀的不過是聖人的糟粕罷了。」桓公大怒：「你一個匠人怎麼敢胡說八道？今天講不出個道理，就殺了你！」輪扁說：「我天天製作輪子，榫頭不能鬆，也不能緊，這是慢慢摸索出來的。這規律我自己知道，但很難和別人講清楚，連我兒子都沒法懂，因為這種經驗，只有親手做了才知道。所以，古代聖人沒法言傳的東西，才是真本事，可惜都已經沒有了。那麼您讀的書，不過是古人留下的糟粕罷了。」

西周、春秋時期的青銅斤

套在輪轂上的青銅飾物

古人為甚麼不把原木直接砍成圓片做輪子？

6

慢慢成型的車子

兩個輪子要連起來，還需要一根原木當車軸，然後把輪子套在軸上。

輪子造好了，下一步做甚麼？

車軸

兩個車輪之間的距離叫「軌」。按一般的慣例，把「軌」定為六尺（約 138 厘米）就可以了。因為「軌」是兩個輪子之間的距離，為了讓火車輪子壓在鐵道上面，鐵道的寬度要和輪子之間的距離一樣，所以今天火車跑的鐵道就叫軌道。

轄

為了確保車輪不會從車軸上掉下來，就需要一個小零件 —— 轄（xiá）。這是一根三寸（約 10 厘米）長的小棍，把車軸的兩頭別住，輪子就掉不下來。轄雖然小，卻特別重要。今天還有一個詞叫「管轄」，意思是控制。

輪子裝好之後，還需要在輪轂裏抹上油膏潤滑，才能讓輪子快速轉起來。車子上要隨時帶一個盛牛油或豬油的小桶，當發現輪子轉起來不輕快了，就上點油。上油叫「膏（gào）」，今天往單車的輪軸和鏈條上抹油，還叫「潤滑」。

車廂，又叫「輿」。一般是個長方形的大箱子。四周有欄杆或木板，可以倚靠身體。後面有開口，乘客上下車都是走後面的缺口。不同於現在有座位的車輛，古人坐車，一般是站在車廂裏的，這叫「立乘」。車廂上的扶手，叫「軾」。這個設計就是為了人站在車上，可以扶着它。只有上了年紀的人或者地位尊貴的人，才能在車廂裏鋪上墊子，坐在上面。這種車上專用的墊子叫「茵（yīn）」。

車廂

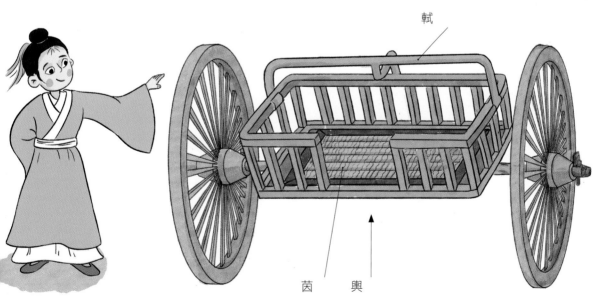

軾

茵　　輿

9

車蓋

這樣不舒服，還得在車廂上立一個「蓋」。

現在我們可以上車了吧？

　　車蓋就像一把大傘，立在車上，既能擋雨，也能擋太陽。它的結構和傘一樣，中間是一根杆子，上面是十幾根傘骨，撐起一塊圓形的布，只是不能收起來。

　　古人喜歡把傘蓋比喻成荷葉。蘇軾的詩「荷盡已無擎雨蓋」，意思是說荷葉枯萎了，沒有遮雨的傘蓋。古人天天看見車蓋，所以特別喜歡拿車蓋比喻各種傘狀的東西。又比如一棵大樹，高大茂盛，就可以說「亭亭如蓋」。

圖謀不軌

暗中謀劃不正當的事情。「軌」是車輪之間的距離，也指車子走的道路。「不軌」就是不走正道。

陳遵

漢代有一個叫陳遵的人，很喜歡交朋友，經常請朋友們來家裏喝酒。酒席一開始，陳遵就叫人把大門關上，把客人車子上的轄拔下來，扔在井裏，這樣客人就不能隨便離開了。

車同軌

戰國時期，各國道路寬窄不同，車輛大大小小，車軌的尺寸也很混亂，國家之間很難通行。秦朝統一天下後，修築了許多統一規格的道路，並規定車軌也要統一寬度為六尺，這就叫「車同軌」。

冠蓋

官員出門，會穿官服，坐有蓋的車，所以管官員叫「冠蓋」。冠，指官員的帽子。蓋，就是車蓋。

比較一下古代車輪和現代汽車的車輪，古代的輪子為甚麼做得那麼大？

戰國車輿四角的銅飾物

戰國青銅轄以及套在軸外面的「軎（wèi）」

秦始皇陵銅車馬的車蓋

套上
拉車的馬

給車廂立上「蓋」之後就像一輛車了。但是……馬怎麼拉着車走呢？

給馬拉車用的長木叫「轅」。有時候是兩根，安在車子兩側；有時候是一根，安在車子正中，安在正中的「轅」又叫「輈（zhōu）」。馬不是拴在這根木頭上的，車轅前端，還有一根橫木，叫做「衡」。「衡」是平的，所以秤、天平都叫「衡」。稱東西的重量，叫「衡量」。「平衡」也是這個意思，保持平着不摔倒。「衡」的上面，還要安兩個夾子一樣的東西，這叫「軛（è）」，用來套住馬的脖子。

衡

轅（輈）

軛

絡腦

為了將馬與車綁定起來，馬頭還要用皮帶套好，這幾條皮帶叫「絡腦」。

先秦時期，駕車馬匹的數量有嚴格的登記制度。只有天子才能用六匹馬駕車，這叫「天子六駕」。諸侯可以用四匹馬駕車，叫「駟」。大夫可以用三匹馬拉車，叫「驂（cān）」。士人出行可以駕兩匹馬，叫「駢（pián）」。

車子做好了，現在我們去買幾匹馬吧！

那我們買六匹馬吧，跑得快一些。

不行，這樣是犯法的。

汽車的前輪轉向示意

傳統的馬車，都是只有兩個輪子的。如果有四個輪子，前面兩個必須能轉方向。古代的轉向裝置不發達，所以乾脆只裝兩個輪子，車子就容易拐彎。沒有轉向裝置的四輪車，就不靈活。古代四個輪子的車，一般是拉貨的牛車，走固定的那麼幾條路，不需要東跑西跑，圖一個平穩。但是要想靈活快速，還得靠兩輪的馬車。但兩輪馬車又不穩，這個問題，古代的馬車一直沒有解決。

壞了，只顧說話，車子滑走了！

我們還缺一個東西，叫「軔（rèn）」。

煞車器在古代叫「軔（rèn）」，是一塊三角形的小木頭，塞在車輪下面，車子就不會滑動。這東西今天還在用，只不過材質變成橡膠或鐵。現在，我們管它叫做「車輪止滑器」。如果車子要出發，就要先把這塊軔拿開，所以出發也叫「發軔」。

軔

15

著名故事

不識車軛

有一天，一個鄭國人走在路上，撿到一個車軛。因為他從沒駕過車，所以不認識這是甚麼東西。他問別人：「這是甚麼東西？」那人說：「這是車軛。」第二天，這個鄭國人又撿到一個車軛，又拿去問先前那個人。那人說：「昨天不是告訴你了嗎？這是車軛呀。」鄭國人聽了，竟然大怒，說：「先前那個東西，你說是車軛，現在這一個，你又說是車軛，哪來這麼多的車軛。你是不是在騙我？」說着竟然和人打了起來。

文學常識

駢文

古代有一種文章，總是兩句兩句地寫，上下句還要對仗，好像兩匹馬總是並列在一起一樣，這種文章就叫「駢文」。例如唐代王勃的《滕王閣序》就是一篇著名的駢文。「落霞與孤鶩齊飛，秋水共長天一色」是裏面著名的句子，這種上下對仗的句子，就叫「駢句」。

成語典故

一言既出，駟馬難追

意思是話已出口，就無法收回。這句話出自《論語·顏淵》，原文是「駟不及舌」。今天多用來指既然作出承諾，就不能反悔。

千乘之國

四匹馬拉的車，又叫一乘（shèng）。兵車一般是四匹馬拉的，在古代，有一千輛兵車的國家，就可以叫「千乘之國」，就是大國了。

西周車衡兩端的青銅飾物

西周銅軛

洛陽「天子駕六」車馬坑

趕車是一門專門手藝。在先秦，貴族的小孩都要學習六門技術，叫「六藝」，其中就有趕車。六藝是「禮、樂、射、御、書、數」，也就是禮儀、音樂、射箭、趕車、書寫、計算。在古代，會趕車就跟今天會開汽車一樣，是要好好學習的。

車輪碾出的兩道溝叫「轍」。「重蹈覆轍」是一個成語，意思是在前面翻車的車轍裏再翻一次車，比喻重犯之前的錯誤。

禮　　　　　樂　　　　　射

御　　　　　書　　　　　數

六藝

在古代，乘車有很多規矩。比如，三個人在車上的位置就有講究。趕車的御手要站在中間，才方便趕車。然後剩下一左一右兩個位置。左邊是尊貴的位置，一般是大官、長輩。右邊是陪同人員，負責保護左邊這位，一般是武功高強的武士。「車右」又叫「參乘」。按規定，「車右」有責任保護車上人的安全。

乘車的時候，有一種特殊的禮節，叫「軾禮」。車輛行駛的過程中，如果遇到值得尊敬的人，要扶着車前的「軾」，低頭表示敬意。後來，扶軾這個動作也叫「軾」或「式」。比如遇到老人，要行軾禮，這表示敬重老人。遇到家裏有喪事的人，穿着孝服，也要向他行軾禮，這是對他表示安慰。駕車回到家鄉，進村行軾禮，這是表示對父老鄉親的尊重。如果有人在路上痛哭流涕，也要扶着軾，安靜地聽，因為他一定是遇到了甚麼不幸，這是對他的不幸表示同情。

乘車的規矩

御手

車右

轡，就是用來控制馬的韁繩，就像汽車的方向盤，一定要握緊。路上人多時要「按轡徐行」，就是要拉緊韁繩，慢慢地走。

車前橫木上的一排鈴鐺叫「鑾（luán）鈴」。車跑起來，鑾鈴的聲音要像音樂一樣，這才算駕駛技術好。在先秦，甚至還有趕車技術的考試。考試項目有六項，其中一項，要趕着車沿着彎彎曲曲的河邊跑一段路，不許掉進河裏，才算合格，這叫「逐水曲」。

鑾鈴

這是鑾鈴的聲音。

我怎麼聽到了「叮叮噹噹」的聲音，是從哪裏傳來的？

軾

轡

曹劌

曹劌（guì）是春秋時期魯國人。《左傳》記載，齊國攻打魯國，在長勺擺開陣勢。曹劌陪同魯莊公來到戰場，用謀略打敗了齊軍。魯莊公要派兵追殺，曹劌阻止了，他先下車，仔細看了看地上的車轍痕跡，又上了車，扶着軾眺望了一下敵人的旗子，才叫魯莊公下令追殺。凱旋之後，魯莊公問他原因。曹劌說：「齊國是個大國，很有可能只是假裝敗退，後面埋伏着人馬。我觀察到他們的車轍痕跡已經亂了，旗子東倒西歪，確定是真的敗退，才讓您追上去。」

蘇軾和蘇轍

蘇軾、蘇轍兩兄弟和他們的父親蘇洵合稱「三蘇」，是宋代著名的文學家。蘇洵在給兩兄弟起名字的時候，用了「軾」和「轍」兩個字，就出自曹劌觀察車轍和扶軾眺望的典故。所以蘇軾字「子瞻」，瞻就是眺望的意思。蘇轍字「子由」，由就是遵循的意思。

漢畫像磚車馬出行圖

戰國青銅鑾鈴

南轅北轍

明明是要到南方去，卻駕着車往北走，比喻行動和目的相反。「轅」引申指車子，「轍」引申指車行的方向。

絲路

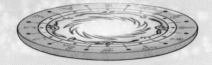

一路向東

絲綢之路，就是連接中國和西方的道路。絲綢是中國的特產，中國產的絲綢，很多是經這條道路運到西方的，所以叫「絲綢之路」。但絲綢之路並不光運絲綢。絲綢之路只是一個名字，中原的特產，比如瓷器、茶葉、鐵器、糧食，都從這裏賣到西域去。西域的特產，比如葡萄、玉石、香料、馬匹，也經過這條路運到中原來。東西方的文化、藝術，也通過這條路不斷交流。這樣的來往，促進了東西方的繁榮。絲綢之路也並不是只有一條路，而是許多條通往西方的路的總稱，在不同的時代，具體路線也不一樣。

唐代的高昌大概位於現在的新疆，是陸上絲綢之路的重要站。中國在亞洲的東部，沿着陸上絲綢之路一直往西走，就到中亞、西亞，過了西亞，就是歐洲。

我們被錯亂的時空甩到唐代的高昌，離長安好幾千里呢！我們要順着這條陸上絲綢之路一直向東，走到長安。

陸上絲綢之路路線示意圖

岑參

岑參是唐代詩人，曾經兩次在邊塞從軍。他的詩歌裏，有很多描寫異域風光和邊塞生活的作品，所以他是唐代最著名的邊塞詩人之一。他的《白雪歌送武判官歸京》中，描寫西域雪景的「忽如一夜春風來，千樹萬樹梨花開」是傳誦千古的名句。此外，他對神奇的火焰山、充滿艱險的沙漠都有生動的描繪。

不入虎穴，焉得虎子

漢代班超出使西域，曾經到達鄯（shàn）善國（今新疆羅布泊西南）。不巧，與漢朝敵對的匈奴人也派使者來到這裏。鄯善王對班超等人的態度就冷淡了下來。班超對部下們說：「如果鄯善王把我們綁起來送給匈奴人怎麼辦？不進老虎洞，怎能抓到小老虎呢？我們今晚就襲擊匈奴人的住處，把他們全殺了！」當晚，班超率領 36 個人殺進匈奴人的駐地，順風放火，砍掉了匈奴使者的頭。鄯善王得知，大吃一驚，只好表示願意歸附漢朝。後來就有了「不入虎穴，焉得虎子」的成語，表示不冒風險，就不能獲得大成功。

今天絲綢之路還在發揮作用嗎？為甚麼？

茫茫大漠

已經做好穿越沙漠的準備，現在我們就出發吧。

流沙

　　沙漠中有些地區的沙子被風一吹就會不停地移動，導致沙丘的位置，不斷變化。古人覺得這沙子像流動的河流一樣，所以叫「流沙」，又叫「沙河」。這是古代絲綢之路中十分危險的一段路，如果沒有經驗，很容易被困在裏面。

古代行走陸上絲綢之路的商隊都是以駱駝為運輸工具。因為駱駝特別擅長在沙漠生存，牠喝足一次水，就能好幾天不用喝水。背上的駝峯儲存着很多養分，找不到東西吃的時候，就靠這些養分維持生命。而且，駱駝能認路，鼻子特別靈，能聞到幾里之外水源的氣味。所以，駱駝是絲綢之路運輸的大功臣。不僅如此，老駱駝對沙漠的氣候十分熟悉。只要牠們叫起來，然後把鼻子埋到沙子裏，就說明風暴要來了。

絲綢之路是人類用了上千年的時間開拓出來的。駱駝再能幹，商隊再勇敢，每年還是會有人在路上遇難。所有遇難的人和動物，都是這條路的開拓者。

我們跟着他們的駱駝隊走，就不會迷路。

風暴要來了，快把鼻子和嘴捂住，找地方藏起來！

天氣明明很好啊，他們是怎麼看出來的？

玉門關

玉門關是漢武帝開闢通往西域的道路時設置的。因為當時西域出產上好的玉石，運玉石的隊伍，經常從這裏出入中原，所以叫「玉門關」。在當時，就是通往西域各地的門戶。從漢代到唐代，這座關城的地點雖然有變化，但名字一直沒有變，而且一直是中原地區通往西域的大門。進了玉門關，就意味着離開了西域，進入大唐的地盤。

商隊漸漸多起來了，都在往前面那座城門裏擠。

聽，那是甚麼聲音？

這裏就是玉門關，遠處可以聽到羌笛在吹《折楊柳》。

羌笛

羌笛是西域的一種樂器。《折楊柳》是離別時吹的曲子。因為「柳」和「留」讀音接近，古人送人出遠門的時候，會折一根楊柳枝送給對方，意思是想將對方留住，表達不捨。

玄奘

　　玄奘是唐朝有名的高僧，他學習佛法時，發現很多經文的翻譯是錯的，講不通，於是下決心去印度求學。他沿着絲綢之路，歷經千辛萬苦，終於到了印度，潛心學習後又帶了一大批經書回到唐朝。玄奘去印度取經前後一共用了十七年，幾乎所有中國人都知道他的故事，還越傳越神。又過了幾百年，到了明朝，有人將民間流傳的故事編到一起，又創作了許多故事，寫成了一部長篇神話小說《西遊記》。

流沙河與沙和尚

　　《西遊記》是明代的一部小說。這本書寫成之前，民間就流傳着許多取經故事。其中的流沙河，原型之一就是絲綢之路上的「流沙」。沙和尚原來叫「深沙神」，是民間傳說中住在流沙裏的妖怪。他想吃掉玄奘，但被玄奘的毅力感動了，就為他開出一條沙漠中的大路。《西遊記》根據這個傳說作了修改。為了照顧沒見過沙漠的中原人，還把「流沙」改成一條大河，叫「流沙河」。深沙神也變成了「沙和尚」，跟着唐僧取經去了。

在沒有價廉物美的玻璃瓶、塑膠瓶的時代，在沙漠裏人們是用甚麼裝淡水的？

河西走廊

敦煌是唐代邊境上的一座大城,過了敦煌,前面就是河西走廊。

　　河西走廊兩側高山聳立。南邊的一座大山，叫「祁連山」，北邊的一座大山，叫「合黎山」，兩座巨大的山脈，夾着中間一條窄窄的通道，就像一條走廊一樣。因為它在黃河以西，所以叫「河西走廊」。想從西域到中原，河西走廊是一條最便捷的通道。河西走廊的北邊是大草原，南邊是青藏高原，雖然也有路，但不是太遠，就是太危險。所以河西走廊就成了這一段絲綢之路的主幹道。

祁連山　　河西走廊　　合黎山

　　在漢代，河西走廊一帶原來是匈奴的地盤。匈奴和漢朝作對，有他們在這裏卡着，漢朝人就沒法和西域各國交流。張騫出使西域，就是從這裏偷偷過去的，歷經九死一生才回來。後來，漢武帝為了打開通往西域的道路，派大將霍去病出征河西走廊，把匈奴從這裏趕了出去。隨後漢武帝就沿着河西走廊設立了四個郡（jùn，漢代的行政區域）：武威、張掖（yè）、酒泉、敦煌。這才算真正把河西走廊納入大漢的領地。

敦煌　　酒泉　張掖　　武威

這個地方叫「腋窩」

張掖是漢代設立的「河西四郡」之一。漢武帝派霍去病趕跑了匈奴人，控制了河西走廊，又設置了河西四郡，就好像向西方伸出一條胳膊一樣，牢牢地控制着西域。而這個地方，就像這條胳膊的腋窩。「掖」在古代是腋窩的意思，所以「張掖」，就是張開了腋窩的意思。

張掖是河西走廊的重鎮，從中原來的軍民在這裏駐紮防守、開墾土地，時刻防備着入侵者的騷擾，當然不怕外族人來撓癢癢。到了唐代，往來西域的客商都要經過張掖，使它成為一座繁華的大城市。這座城市最有名的就是音樂。當時住在這裏的胡人，幾乎都會演奏樂器、唱歌跳舞。這些音樂傳入中原後，對中原的音樂產生了很大的影響。

前面就是張掖了，讓我們好好休息一下。

霍去病

霍去病（公元前 140 年—公元前 117 年），是西漢時期的名將。霍去病少年時代就喜歡騎馬射箭，十八歲當了剽姚（piāo yáo，勇猛迅疾的樣子）校尉，屢立戰功。公元前 121 年，十九歲的霍去病被封為驃（piào）騎將軍，向西北方進攻匈奴，佔領了河西走廊（今甘肅省境內），打通了中原到西域的交通。後來，霍去病與衞青分兵向北，掃蕩匈奴的勢力，使得匈奴遠走漠北，不敢南下。可惜的是，霍去病很快得了重病，於公元前 117 年去世，年僅二十四歲。

匈奴人的歌謠

漢武帝元狩二年（公元前 121 年），漢武帝任命十九歲的霍去病為驃騎將軍，率兵出擊河西地區（今河西走廊及湟水流域）的匈奴人，佔領了河西走廊。匈奴為此悲歌：「失我祁連山，使我六畜不蕃（fān）息；失我焉支山，使我婦女無顏色。」蕃息，意思是繁衍生殖。焉支山，在祁連山北部，也是河西走廊上的重要山脈。

「甘」和「肅」

張掖在唐代屬於甘州，甘州長官就在張掖。今天甘肅省的「甘」，就是從這來的。張掖的西邊是酒泉市，酒泉過去叫「肅州」。後來兩個字合起來稱為「甘肅」，成了一個省的名字。

蜀道

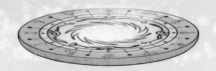

驛站

你好，請問你有沒有見過一隻拿着鏡子的猴子？

見過見過，牠往蜀道上走了。

甚麼是蜀道啊？

蜀道，就是通往蜀地的道路。蜀地相當於今天的四川省。

荔枝是南方特產，楊貴妃生在蜀地，從小喜歡吃荔枝，唐代的首都在長安，也就是今天的西安，所以只能千里迢迢把荔枝從南方運過來。但是，荔枝很難保鮮，新摘的荔枝要裝到大竹筒裏，快馬加鞭送來。為了讓娘娘吃上新鮮荔枝，累死的馬，摔死的人，沿路撞死撞傷的老百姓不計其數。荔枝經過千難萬險被送到長安，還是青枝綠葉，好像剛從樹上摘下來的一樣。這一方面說明唐朝的統治者太奢侈了，另一方面，也說明唐朝國力確實強盛，交通發達，驛（yì）道遍佈全國，皇宮想要甚麼都能送來。

接力賽

古代送信或者送重要的東西全靠人馬。秦漢時，管騎馬送信叫「驛」，用車送叫「傳（zhuàn）」，靠人走路送叫「郵」。驛、傳、郵本來是按交通工具分的。到了唐代，就統稱為「驛」了。每隔三十里或五十里，就設立一個站點。這種站點也叫「驛」，後來也叫「驛站」。驛站傳遞消息的具體方式就是接力，每個驛站都養着很多匹快馬。送信的使者到了一個驛站，就騎上一匹馬，跑到下一個驛站，然後在這個驛站換一匹馬再跑。而並不是一人一馬從頭跑到尾，不然馬會累垮。這樣每匹馬只跑幾十里，就能夠保證用最快的速度，把重要的信件送到目的地。

這種消息傳遞的方式，最快的速度是用在給皇帝報送緊急軍情，或者皇帝下達緊急命令，一天能跑五百里。長安是唐朝的首都，位於整個領土的中心位置。一封緊急文書從最遠的邊疆發出，到送到皇帝手裏，大概需要六、七天的時間。其他大多數地方，一般兩三天就可以到了。唐代的郵驛制度非常嚴格。比如緊急軍情如果晚到一天，就要判一年的徒刑。如果寫錯了地址、送錯了地方，也要問罪，甚至路過一個驛站想省事不換馬，也要打八十板子。整個王朝靠這套郵驛體系，保證了信息和政令的傳遞暢通無阻。

唐代的驛站

長安

古代驛站只寄送官府的公文，是不管民間寄信的。在唐朝，如果官員想給遠方的家人寄私信，只要夾在公文裏就可以通過驛站寄了。平民百姓則只能託出門的熟人順路送信。如果沒有正好出遠門的熟人，那就無法寄信了，所以古人能給遠方的親友寄一封信是相當不容易的。杜甫有一句詩說：「家書抵萬金」，就能說明這一點了。

一直到明代出現的「民信局」，才可以寄老百姓的私人信件。清代末年，才開始建立現代郵政制度。這個制度直到新中國成立才漸漸完善，做到全國通郵。即使是今天，往偏遠山區送郵件，也要冒很大風險，十分艱難。

一騎紅塵妃子笑

出自杜牧《過華清宮絕句》。全詩是：「長安回望繡成堆，山頂千門次第開。一騎紅塵妃子笑，無人知是荔枝來。」意思是說：在長安回頭遠望驪山，宛如一堆堆錦繡，山上華清宮的許多層門依次打開。一匹飛馳的快馬捲起煙塵，妃子看見了開心一笑。別人還以為是甚麼軍情大事，卻沒人知道這匹馬是來送新鮮荔枝的。

為甚麼在古代，民間寄信一直沒有方便的方式？

魏晉時期「驛馬圖」畫像磚

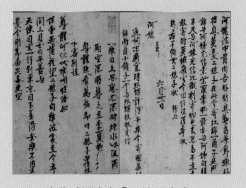

唐代咸通七年「二娘子家書」

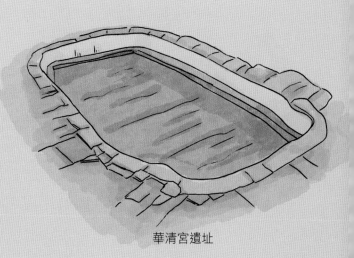

華清宮遺址

遇到了
老朋友

啊⋯⋯二位大人，小人迎
接來遲了，有罪，有罪。
二位裏面請！

驛站除了負責傳送公文,也接待來往的官員。官員有公務在身,是可以在驛站裏吃住的。唐代的驛站不接待平民百姓,持有官府發的許可證才能進去,投宿時需要出示身負公務的憑證。

公家的旅店

驛

唉?他們好像是李白和賀知章。

為甚麼我不能進去,這兩個人就可以?他們也是要寄快遞嗎?

不是,他們是官員,是來這裏住宿的。

在牆上題詩，在今天當然是不被鼓勵的行為，但在唐代不算亂寫亂畫。李白這種在當時聞名天下的名家，他留下的字跡被稱為「墨寶」。驛站是文官們來來往往最多的地方，所以滿牆都是詩，也是一道風景。

　　逆旅，就是旅店。逆，就是迎着的意思。因為別人迎接你，肯定是逆着你的方向走的。所以迎接旅客的地方，就叫「逆旅」。唐代的私人旅店也很發達，一般以店主的姓名命名，比如王家店、竇家店、孫二店等。

　　有些村鎮人家有空房的話，會打掃出幾間來提供住宿。有些寺院也有空房給人住宿。臨走時，給點錢感謝人家就行。古代旅遊業沒有那麼發達，古人出門在外，很多時間是在旅店或投宿的地方度過的，所以這些地方也產生了許多詩歌。比如楊萬里的《宿新市徐公店》，就是寫詩人住在一家由姓徐的人開的旅店裏。李白的《夜宿山寺》，就是在一座寺廟裏投宿時寫的。劉長卿的《逢雪宿芙蓉山主人》，就是他路上遇到大雪，沒找到旅店，也沒找到寺院，只好投宿到芙蓉山的一戶窮人家裏。

那我們去哪裏住呢？

我們沒有公務在身，就不要在驛站住了。

我們看看附近有沒有逆旅，沒有的話只能找村裏人家投宿了。

路的名字

阡陌，就是田間的小路。南北向的叫「阡」，東西向的叫「陌」。後來「陌」也泛指道路。道路上隨便碰上的人，一般是不認識的。「陌路相逢」，就指兩個互不認識的人在路上偶遇。「陌生人」，就是指不認識的人。

古代道路的名稱很多，「阡陌」是田間的路。此外還有「途」和「徑」，都指路。途是行車的大路。徑指不能行車，只能給人或牛羊走的小路，所以平坦的大路叫「坦途」不叫「坦徑」。相反，一條通往幽靜處的彎曲小路可以叫「曲徑通幽」，而不能叫「曲途通幽」。

行不由徑

指一個人正直。字面意思是他走路不抄小道,比喻做事正直,不用不正當的手段。因為「徑」是小路,所以為達目的,使用的不正當辦法也叫做「徑」。

題壁詩

在牆上寫詩,是古代文人的一種習慣。比如「山外青山樓外樓,西湖歌舞幾時休」,就是寫在南宋首都臨安的一家旅店的牆上,被人抄下來才流傳開去的。牆上留下了名字「林升」,但也不知道他是幹甚麼的。後來這首詩被編進書裏,才取了個題目叫《題臨安邸》。蘇軾的《題西林壁》也是寫在廬山西林寺牆上的一首詩。只要是題目叫「題某某地方」的,一般都是寫在牆上的「題壁詩」。

為甚麼在古代,可以在公共場所的牆上隨便寫寫畫畫?

戰國時期楚國頒發的通行證「鄂君啟節」　　隴南市萬象洞保存的唐代題壁詩

棧道凌空

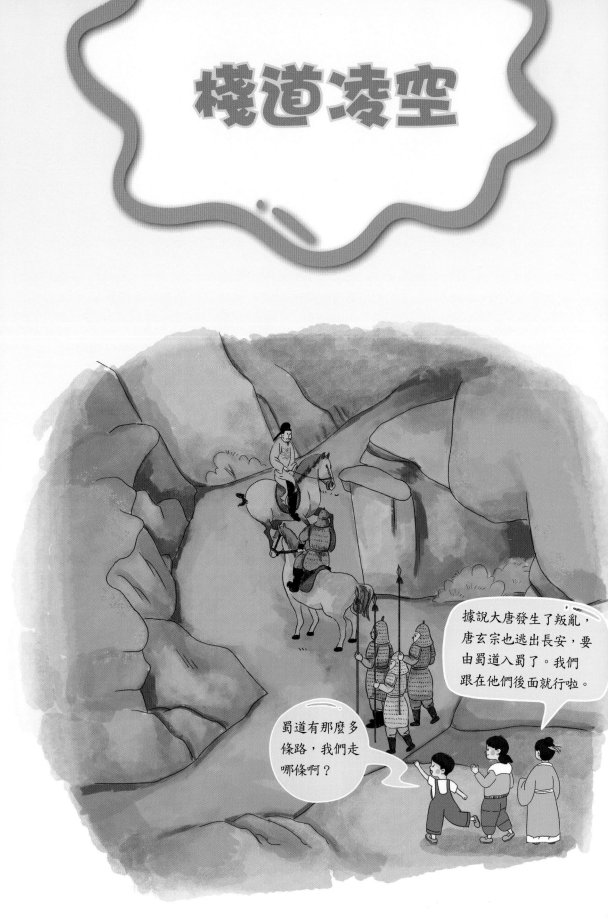

從長安到蜀地的成都，是古代中國最難走的道路之一。因為長安位於平坦的關中平原，南邊橫着險峻高大的秦嶺。要從長安走到西南方的成都，就要先穿過秦嶺。過了秦嶺後，又進入一片平原，叫漢中平原，今天屬於陝西省。穿過漢中平原，還要穿越一條高大的山脈，這條山脈叫大巴山。穿過大巴山，到達四川盆地，地勢漸漸平坦，才可以前往成都、巴中、涪陵等蜀地的重要城市。

秦嶺和大巴山，山高路險，只能在山谷裏前進，所以可以通行的道路並不多，一般來說叫「南三北四」。「北四」，指北邊四條穿越秦嶺的通道，分別叫子午道、儻（tǎng）駱道、褒（bāo）斜道、陳倉道，都是在秦嶺的險峻山谷裏前進。到了漢中平原，就要向南穿越大巴山了，有三條道路：荔枝道、米倉道、金牛道，走的是大巴山的深谷。這就是「南三」。此外，還有一條很遠的道路，是繞了個大圈子，通過祁山，經過今天的甘肅境內進入關中平原。這八條道路，都是從中原地區進入蜀地的通道，所以都可以叫「蜀道」。

古蜀道示意圖

褒斜道，自古以來就是從長安到蜀地的重要通道。這條路是沿着秦嶺兩側的兩條山谷修的，在秦嶺北坡的叫「斜谷」，在秦嶺南坡的叫「褒谷」。「棧（zhàn）」，就是木頭架子。棧道，就是在懸崖峭壁上搭出木頭架子，鋪上木板而修成的路。褒斜道全程約五百里，幾乎都是這種懸空的棧道。兩千年來，關中和蜀地的交通，就是在這種路上來來往往的。為了修這條路，不知多少人失去生命，是一項偉大的工程。

天啊，這是一條山溝，下面全是急流，怎麼過去？

這條路叫褒斜道，我們從這裏走棧道進山。

　　要建設棧道，首先在懸崖上打出一排孔來，插進一根根方木頭。然後在下面山坡上打出孔來，插進一根根圓木頭，搭成一排木架子，再用木板鋪在架子上。

　　為了防止插進懸崖的木頭掉下來，建造工匠打的孔，都是洞口比洞底略高一點，這樣插進去的木頭會微微上翹，就不會掉出來。

子午谷獻荔枝

子午道有很長的一段，是在一條叫「子午谷」的山谷裏走的。這條山谷的兩頭接近正南正北。子和午，都是十二地支之一。古人把十二地支與十二個方向相配，正北叫子，正南叫午，所以這條路叫子午道。這條路雖然艱險，但是距離較短，所以涪州（今四川涪陵）產的荔枝，經常從這條路進獻到長安去。路上人死馬傷，不計其數。

紀念開通褒斜道《石門頌》石刻細部

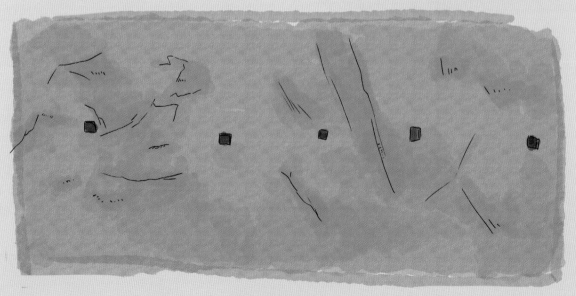

褒斜古棧道柱孔遺址

關中和蜀地之間，隔着秦嶺和大巴山兩座大山，還有一片漢中平原。翻過秦嶺，穿過漢中平原之後，只要再穿過前面的大巴山，就可以進入蜀地。入蜀之前會經過大劍山，山中間斷開的狹窄缺口就是蜀道的入口。在入口處修的這道要塞，就叫劍門關。因為只能從這條路入蜀，所以劍門關是必經之路。

劍門關兩側的山峯十分特別，北坡好像刀砍斧劈，直上直下；南坡就比較平緩。這種一面陡一面緩的山，叫「單面山」。單面山易守難攻。從北邊來的敵人，因為面對的是一面陡坡，所以哪怕千軍萬馬，也打不進來。而守軍卻可以從平緩的南坡來來往往。所以李白在《蜀道難》裏說「一夫當關，萬夫莫開」，意思是說一個人擋住了關口，上萬人也攻不破。三國末期，魏國和蜀國打仗。蜀國的大將姜維就死守在劍門關，魏國的軍隊從關中一路過來，卻沒法前進一步。後來還是魏國將軍鄧艾帶一支敢死隊，從一條小路偷偷繞了過去，打到成都。蜀國皇帝劉禪投降，姜維這才被迫放棄抵抗。歷史上，這座劍門關從沒被正面攻破過，可以說是天下雄關。

大劍山

劍門關

　　金牛道的命名和一個傳說有關。據說戰國時期，秦惠王想要攻打蜀國，但是入蜀的道路太難走了，他就想了個辦法。有一次，蜀國派使者到秦國來，秦王就叫人刻五頭石牛，把金子放在牛的屁股後面。他叫蜀國的使者去看。使者和他的隨從看到了，又驚又喜，說：「哇，這是神牛吧，拉的都是金子！」秦王說：「這神牛就送你們當禮物了。不過你們得派人來，把它們拖走。」使者回去一報告，蜀王很高興，真的派了五個大力士，號稱「五丁力士」，帶着一千多個士兵去運石牛。每頭石牛都有上萬斤，太笨重了。五丁力士就帶人逢山開路，遇水搭橋，在大山裏硬是修出一條路來。不知費了多少力氣，總算把石牛拖到成都。秦國人就等着這一天，五丁力士前腳一走，秦王就派兵跟在他們後面，通過這條拖石牛的大路打了進來，把蜀國滅掉了。這條路後來就叫「金牛道」。

劍門關是金牛道上的重要關口。
沿着這條金牛道，就可以一口氣
走到成都了！

57

五丁塚

　　傳說石牛被運到蜀地後，蜀王發現石牛並沒有拉金子，勃然大怒，又派五丁力士把石牛送了回來。秦王知道蜀王好色，就又送給蜀王五個美女，叫五丁力士帶回去。路過梓潼的時候，五丁力士看到一條大蛇正在拚命往山洞裏鑽，半截蛇身已經鑽到山洞裏。五個力士就去拉蛇尾巴，沒想到用力過猛，山一下子崩塌，把五丁力士和五個美女都壓死了。後來這個地方就叫「五丁塚（zhǒng，墳墓）」。

互動

古代人還沒發明炸藥時，靠甚麼方法鑿開巨大的山石？

博物館

雨霖鈴

　　唐玄宗入蜀逃難的時候，聽見雨點打在馬前的鑾鈴上，十分悲涼悽慘，讓他想起了和楊貴妃的生離死別。他根據這雨淋鈴鐺的聲音作了一支曲子，就叫《雨霖（lín）鈴》。後來宋朝人改編這支曲子，並填入歌詞，就是詞牌《雨霖鈴》，經常用來抒發離別的哀愁。

唐明皇幸蜀圖

劍門關

長江

從成都
到三峽

從揚州到成都，走水路約有五六千里。揚州靠近海邊，出產海鹽，除此之外還出產銅器。古時的商人常把揚州附近的海鹽和銅器運到成都賣，能賺很多錢。成都出產上好的錦緞，叫「蜀錦」，還出產上等的麻紙，叫「蜀麻」，連皇上寫聖旨都要用這種紙。由揚州來的鹽商在返程時也會把這些商品運到揚州去賣，又能大賺一筆。

您好，請問剛才那條船是開去哪裏呢？

那是去揚州的船。我們這一批船，都是長年在揚州和蜀地之間做生意的。

夔門

　　巴縣，也就是今天的重慶。夔州，就是今天的重慶奉節縣。由水路進入夔州時會看見江水兩岸的高山好像大門一樣，這就是夔門。李白寫的《早發白帝城》，詩裏的白帝城就在這裏。穿過夔門，就是著名的長江三峽，分別是瞿塘峽、巫峽、西陵峽。今天的重慶市和四川省，過去都屬於「巴蜀之地」。出了夔門，穿過三峽，就離開巴蜀了。

　　三峽一帶水流湍急，順流向下時非常容易，但反過來若想逆流向上就需要依靠縴夫揹着繩子，在兩岸把船拖向上游。長江兩岸的縴夫，赤身裸體，常年在江邊拖船，走懸崖，爬險灘，經常半身泡在水裏，可以說是三峽一帶最辛苦的工作。

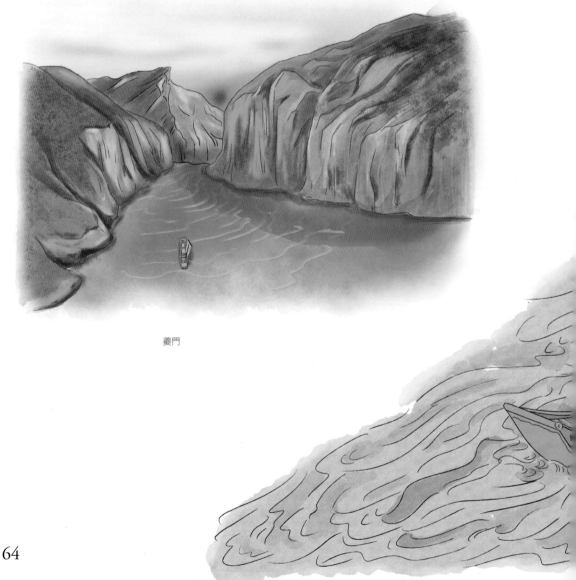

夔門

公孫述

公孫述是西漢末年人，曾當過蜀郡太守。當時天下大亂，公孫述就割據蜀地，自立為帝。古人有一套五行理論，認為東、南、西、北、中五個方位，配青、紅、白、黑、黃五色。蜀地在中國西部，所以公孫述自稱「白帝」。白帝城建於公孫述稱帝時，所以這座城就稱為「白帝城」。

揚一益二

在唐代，全國最發達的工商業城市已從北方轉移到南方。長江上游的成都（屬益州）和長江下游的揚州，是兩個最繁華的城市，所以當時有「揚一益二」的說法。

門泊東吳萬里船

出自杜甫《絕句》。意思是成都附近的江面上，停滿了從東吳（揚州、蘇州等地）來的船隻。說明成都和東南沿海的貿易往來非常興盛。東吳地區在長江下游，接近入海口。沿着長江逆流而上，轉入長江的支流岷江，然後再從岷江進入另一條叫外江的水道，就到成都了。

成都杜甫草堂

長江萬里行

這一片大山叫巫山，出了巫山，就是長江中下游平原，長江開始在平坦的原野上流淌。水面變寬，水流也沒有那麼急了。

我想起了李白的詩：「山隨平野盡，江入大荒流」。

岳陽樓是岳陽城的西城樓，登樓遠望，就是八百里洞庭湖。水氣瀰漫，波濤洶湧，整座岳陽城都好像搖晃了起來。洞庭湖地勢低窪，接納了從西北流過來的長江水。南邊還有四條大河匯入，分別叫湘水、資水、沅水、澧（lǐ）水，都在今天湖南省境內。洞庭湖是一個天然的蓄水池。遇到洪災的時候，由長江上游下來的水，會乖乖地流進洞庭湖裏，不會漫出來，好像被它吞到肚子裏一樣，這樣就保護了周圍平原上農田的安全。它吞飽了還會「吐」，湖水滿了之後，會從東北的出口泄出去，匯入長江。

因為這裏地勢險要，在軍事上是必爭之地，所以有重兵把守。長江從西北方向流過來，在這裏拐了一個大彎，又向東北流去。岳陽城就建在這個大彎的尖角上，好像一把大鎖，鎖住了長江和洞庭湖口。從上游順江而下的敵人很難通過這座要塞。從北方來的敵人想渡過長江向南攻打，也被岳陽城擋住了去路。三國時期，東吳大將魯肅就在這裏駐防。寬闊的洞庭湖，正好用來訓練水軍。傳說岳陽樓就是魯肅觀看練兵的地方。

岳州到了，今天起了大風，不能開船，我們要靠岸停泊。你們上去玩玩吧。

岳陽樓

岳州，就是今天的岳陽。這裏最有名的地方，當然是岳陽樓！

傳說有仙人曾騎着黃鶴在這裏停留。黃鶴樓緊靠江邊，既是送別的地方，也是文人墨客遊覽題詩的地方。不過，這座樓經常遭遇火災，屢毀屢修。現代的黃鶴樓，已經和唐代的完全不一樣了。李白就有寫過「故人西辭黃鶴樓，煙花三月下揚州」，這是他送給朋友孟浩然的詩。這首詩包含了長江邊上兩個重要的城市 —— 江夏和揚州。孟浩然的出發站，是長江中游的江夏，黃鶴樓就在江夏城靠江的山上；孟浩然的終點站，是長江下游的揚州。

我們又沿着長江走了幾百里，前面右邊江岸上那就是黃鶴樓。

黃鶴樓

著名故事

詩仙擱筆

　　唐代有一位詩人崔顥，在黃鶴樓上題了一首詩：「昔人已乘黃鶴去，此地空餘黃鶴樓。黃鶴一去不復返，白雲千載空悠悠。晴川歷歷漢陽樹，芳草萋萋鸚鵡洲。日暮鄉關何處是，煙波江上使人愁。」

　　後來李白來到這裏，大家圍着他請他題詩。李白剛提筆要寫，抬頭看到崔顥的詩，就把筆擱下，說：「不寫了，不寫了，崔顥的詩比我的好！」崔顥的詩，竟然讓大唐第一詩人甘拜下風。

現代黃鶴樓

人去樓空

　　出自崔顥的「昔人已乘黃鶴去，此地空餘黃鶴樓」，原來的字面意思是仙人已經騎着仙鶴走了，黃鶴樓空了。後來經常表示對着故居思念親友。

現代岳陽樓

揚州

前面這座島平平的，好像一個大蜜瓜。

所以這座島叫「瓜州」，瓜州北面的江岸上，就是我們的目的地——揚州。

大運河

古代由蜀地去長安大多走水路，因為蜀道艱險，很難運送大批貨物。因此，商人們都選擇由大運河運去長安。大運河是中國人民歷經兩千多年開鑿的一項大工程。春秋時期，吳國想攻打齊國，為了方便運輸物資，開鑿了一條運河，名叫「邗（hán）溝」，把長江和淮河連接了起來。

這就到揚州了，那隻猴子搭的船也停在附近卸貨，你們快去追吧！

他們在卸甚麼貨呀？

讓我看看⋯⋯那是給皇上的蜀錦，他們正在把蜀錦換到另一條船上，運到長安去！

隋唐時期，重要城市長安（隋朝叫「大興」）、洛陽都在北方，但北方物產不夠，需要大量江南的糧食、絲綢等物資。為了把南方豐富的物資運往北方，隋煬（yáng）帝下令開鑿一條從洛陽通往江南的大運河，隋朝滅亡後，唐朝仍然在使用，這就是「隋唐大運河」。

隋唐大運河分四段：永濟渠、通濟渠、邗溝、江南河。通濟渠從洛陽到江蘇清江（今江蘇淮安），長約一千公里。永濟渠從洛陽經山東臨清到河北涿郡（今北京），也長約一千公里。此外，隋朝還改造了邗溝，疏通了從潤州（之前叫京口，現在叫鎮江）到杭州的江南河，長約四百公里。還有一條借渭水開鑿的廣通渠，連接了長安城和黃河。這樣，江南的物資就可以沿着江南河、邗溝、通濟渠，源源不斷地一直運到洛陽，再沿着黃河和廣通渠，一口氣運到長安城下。如果北方打起仗來，還可以沿着永濟渠，把物資運到遙遠的北方去。

除了江南以外，長江中游、上游的物資，也可以先運到揚州（隋朝叫「江都」），再沿着運河運到洛陽、長安。甚至有些人從長安到成都，嫌走蜀道太辛苦，也會一路坐船，通過運河到揚州，再從揚州沿長江到成都，寧可多繞大半個中國，也要圖個舒服。

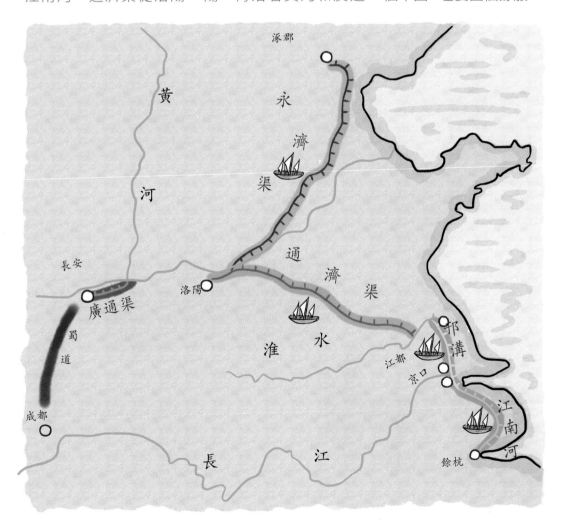

揚州的東西是長江，南北是運河。揚州正好處於這兩條水道的十字路口，是貫通東西南北的交通樞紐，去哪裏的船都有。從揚州可以北去洛陽、長安，南去江南，西邊沿着長江可以直達蜀地。至於向東，就可以通往海外。

日本非常仰慕大唐文化，經常向唐朝派出使者，來大唐學習，這批人叫「遣唐使」。他們會從日本的九州島出發，渡過大海，進入長江口，在揚州上岸，然後走運河到長安去。

新羅是朝鮮半島上的一個大國，他們經常派使臣來進貢，還有許多新羅僧人來大唐學習佛法。他們會從朝鮮半島的南部入海，渡過黃海，揚州也是他們上岸的第一站。

大唐的繁華，也吸引了西亞、中亞的商人，在揚州有很多從波斯、阿拉伯來的商人，當時都叫「胡商」。他們從海上來到揚州做生意，也會把中國的絲綢、瓷器、茶葉，運到西方去賣。

猴子，給我站住！糟了，牠又跳去別的船了！那是開往哪裏的船？

這可不好說了，揚州的航線很多，就連去國外的船都有。

著名故事

腰纏十萬貫，騎鶴上揚州

從前有四個人，各自說自己的願望。第一個人說：「我想發一筆十萬貫的大財。」第二個人說：「我要到最繁華的揚州去當官。」第三個人說：「我要做騎着仙鶴飛來飛去的神仙。」第四個人說：「你們說的都不行，我要腰纏十萬貫，騎鶴上揚州！」三個人齊聲說：「還是你胃口最大！」

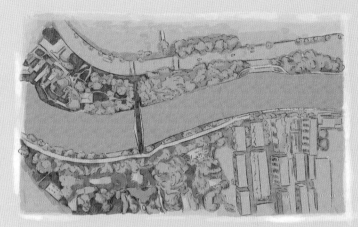

京杭大運河揚州段

唐代赴日本傳法僧人鑑真像

鎮江金山寺

大海

海上絲綢之路

那隻猴子還在擺弄時空之鏡，時間還在飛速地前進。

啊，高樓大廈倒塌了，來來往往的商人們消失了，密密麻麻的船隻也越來越少了。

唐代之後，揚州衰敗得這麼快啊。

揚州衰落的原因很多。從交通上來說，江北岸漸漸向南岸逼近，揚州就離長江越來越遠。另外這條運河的泥沙太多，泥沙慢慢沉到河底，運河的水越來越淺，開始的一百來年還不明顯，後來大船漸漸走不了，運輸能力就降下來了。長江流進大海之後，水裏的泥沙不停地沉積，就慢慢在海裏堆出平地來。海岸線不停地向東跑，揚州離海也越來越遠了。從唐代到宋代，幾百年來推進了一百多里。

這樣大片的海面變成了田地，雖然可以種糧食，但對於揚州的港口來說可是一個大麻煩。因為離大海越來越遠，船隻不方便進來了。唐代的時候，揚州離海不遠，是一個海港城市。隨着海岸線東移，大型船隻沒法到揚州，只能在一個叫「上海浦」的地方停靠，這就是後來的上海市。宋代朝廷在離這裏不遠的地方設立了官府，管理海運。上海漸漸變成新的港口，代替了揚州的位置。

由此可知，江河湖海並不是自古以來就是我們現在看到的樣子，小島會變大，海岸也會移動。人類開闢的道路，說到底都是依靠大自然。大自然不停變化，就會影響到人類的交通。

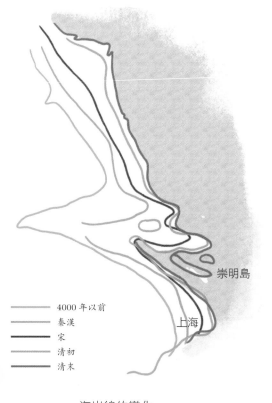

崇明島

4000 年以前
秦漢
宋
清初
清末

上海

海岸線的變化

中國大陸在亞歐大陸的東南方，從陸上一路向西，穿過中亞、西亞，到達歐洲或非洲，即是「陸上絲綢之路」；又可以從海上先向南再向西，到達東南亞、南亞、東非和歐洲。這條海路，同樣能把中國的絲綢、陶瓷等特產運到外國，把外國的商品運到中國。這條古代中國和外國進行貿易往來和文化交流的海上大通道，就叫「海上絲綢之路」。海上絲綢之路，分南海航線和東海航線兩大部分。

南海航線，是從廣州和泉州出發，到達中南半島（今越南、柬埔寨、泰國等地）或南海各國（今菲律賓、印度尼西亞等地）。還可以穿過馬六甲海峽，向西進入印度洋，來到印度、阿拉伯等國家；再向西還可以進入紅海，到達東非和歐洲，途經 100 多個國家和地區。

東海航線，是從東南沿海港口出發，向東北經過遼東半島，再到朝鮮半島、日本列島。在宋朝，海上絲綢之路極其繁榮。

然而宋朝北方先是被遼佔領了，後來金滅了遼和北宋，佔領了整個北方，南宋只剩下南方的半壁江山。西邊還有一個政權叫西夏，和宋朝的關係也很緊張，使這條從漢代到唐代的陸上絲綢之路，很難再通到南宋了。

根據定位，時空之鏡在大海裏，說明那隻猴子跟着某一條船隻出海了。似乎是在海上絲綢之路的南航海線。

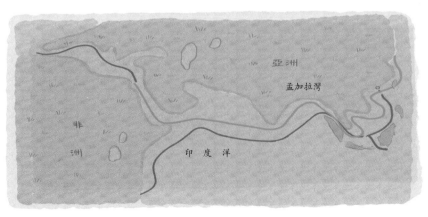

—— 唐代廣州通海夷道
—— 唐代其他航線
—— 宋代新開闢的航線

唐宋海上絲綢之路示意圖

唐代以前，泉州只是一個停靠點。唐代發生了安史之亂後，北方漸漸衰落，陸上絲綢之路就沒有那麼通暢了。泉州港因此迅速發展了起來，來這裏通商的船隻數不勝數，貨物堆積如山。到了北宋時，朝廷在這裏設置了一個官府機構，叫「市舶司」。「市」，就是做買賣的意思。「舶」，就是做買賣的商船。「市舶司」，就是管理商船和海上貿易的政府部門。

北宋被金兵滅掉後，南宋把首都定在臨安（今天的杭州）。當時沿海還有幾個大港口，但是其他的港口比較靠北，容易受到金兵的威脅。廣州港又太靠南，所以泉州港就成了最好的通商港口。當時有 70 多個國家和地區與泉州港通商漸漸超過廣州港，成為東方第一港。南宋朝廷的收入裏，從海上貿易收取的關稅約佔五分之一；而泉州港的關稅，就佔全部海運關稅的一半，一個港口就創造了國家十分之一的財富。宋朝是一個商業發達的王朝。如果沒有泉州港，大宋的繁華就會失色不少。

81

滄海桑田

傳說神仙非常長壽，經常能見證大海變成農田，農田變成大海。後用來比喻世事變化巨大。

蒙衝鉅艦

「蒙衝」是古代一種戰船的名字，也寫成「艨艟」。鉅艦指巨大的船隻。

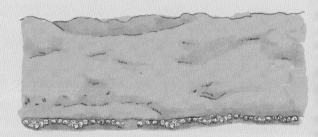

已經處於內陸的貝殼沙堤，標誌着古代海岸線的位置

泉州灣出土的宋代古船

始建於北宋的泉州跨海古橋「洛陽橋」

先進的造船技術

　　宋代的造船技術已經非常先進。那時的船隻雖然是由木頭造成，卻不會漏水。第一，船殼不是只有一層木板，而是有五層甚至六層。第二，木板之間是用榫卯連接的，還用鐵釘加固，十分緊密。最後，還要把石灰、桐油、麻絲混合起來，製成艌（niàn）料，就是填補縫隙的填料，細細地填在縫隙或是木材上的蟲洞裏，船就不會漏水了。

各位東家，我們正在晝夜趕工。請看，龍骨已經安好了。

叮叮——

咚咚——

　　龍骨，是從頭到尾貫通整個船底的一根大木頭，支撐着整條船。

84

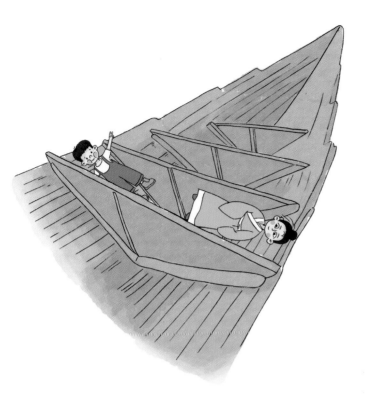

從正面看，大型海船的船底一般是 V 字形的，好像刀刃，這叫尖底船。尖底船吃水深，抗風浪能力強，但是不能在淺水裏開，因為很容易擱淺。在江河裏行駛的船，一般是平底船。平底船不容易擱淺，能走淺水，但是不穩當，遇到風浪很容易翻，所以不能出海。

船底用木板分成一間間的小房間，叫「水密隔艙」，艙與艙之間是不連通的。如果船碰上暗礁，漏了一個洞，也只會有一個艙進水，船還能繼續航行。水密隔艙是宋代領先世界的造船技術。

跟今天的萬噸巨輪比，800 噸的船當然不算甚麼。但在宋代，這就是世界上最先進的貨船了。除了載人和載貨之外，為了維持船上的生活，海運的船隻上還會設有豬圈和糧倉。如果這一船貨換成陸上絲綢之路的駱駝來馱，那就需要 2800 頭駱駝才能運完。也就是說，這條船一次運的貨，像先前粟特商人那樣 10 頭駱駝的商隊，要在絲綢之路上來回 280 趟才能運完。這就是海運比陸運方便的地方。所以，海運中用到的先進技術也比陸運要多得多。

載重量 =  **x 280**

船終於造好了。這艘船可以載多少人啊？

這艘船差不多可以載幾百人，用今天的算法，這條船的載重量約有800噸。

航海技術的提升使貿易來往增加。中國德化窯、景德鎮的青白瓷器會運至大食；潮州的絲綢會運至三佛齊；金項鍊、金手鐲會送到細蘭。

大食就是阿拉伯帝國，是以阿拉伯半島為核心，跨越歐、亞、非三洲的大帝國。三佛齊是當時東南亞一個強大的王國，控制着馬六甲海峽的交通要道，是海上絲綢之路的交通樞紐。細蘭後來也叫「錫蘭」，就是今天的斯里蘭卡。斯里蘭卡盛產寶石，在中國打造的金銀器，送到斯里蘭卡鑲寶石，再賣到中東、南亞諸國。宋代的國際商業合作已經非常發達了。

各位東家，可以上貨啦！

這幾箱是臘牛肉、臘羊肉、醃雞、醃鴨，能長久保存。那邊還有專門的菜園子，這樣就不愁船上的食物！

掌握風和水的人

在蒸汽動力船發明之前，全世界的海船都是利用風帆航行的。但是風可不聽你的話，不可能你想讓它來，它就來。所以，中國古代的航海家們非常懂得利用大自然的規律。

都兩天了，船怎麼還不開啊！

東家不要急，要等風。現在已經是十一月，過兩天就颳北風了。我們得順着北風，才能開到南邊的國家去。

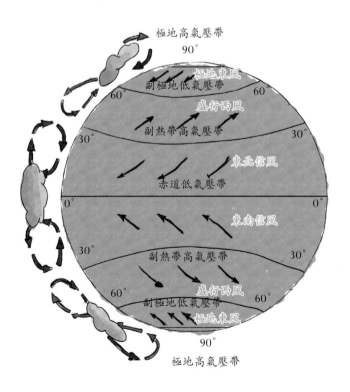

極地高氣壓帶
90°
極地東風
副極地低氣壓帶
60°　　　　　　　60°
盛行西風
副熱帶高氣壓帶
30°　　　　　　　30°
東北信風
赤道低氣壓帶
0°　　　　　　　0°
東南信風
30°　　　　　　　30°
副熱帶高氣壓帶
盛行西風
60°　　　　　　　60°
副極地低氣壓帶
極地東風
90°
極地高氣壓帶

地球上的風是有規律的，因為地球不同地區、不同時期的冷熱變化不一樣，所以風向會按照季節改變，這叫「季風」。冬季風是從北向南，所以要到南邊的國家去，最好趁冬天出發。夏季風是從南向北，要回國就趕這個季節。除了季風，海水每年也會沿着一定方向有規律地流動，這叫「洋流」。總的來說，中國沿海的洋流，也基本上是冬天從北向南，夏天從南向北。懂得季風和洋流的規律，就可以選擇合適的日期出海。船家常年在海上生活，必須懂得風和水的學問。不過俗話說「天有不測風雲」，有時候天氣突變，也沒有辦法，必須沉着冷靜地應對。

趙汝适

趙汝适是南宋皇族，宋寧宗嘉定（1208—1224）末至宋理宗寶慶（1225—1227）初年，任泉州市舶司提舉（「提舉」是市舶司長官名）。他在任時，根據自己的工作經驗，寫了一部《諸蕃志》，記錄了東起日本，西到東非索馬里、北非摩洛哥及地中海東岸諸國的風土物產，以及從中國沿海至海外各國的航線情況，是中國歷史上一部重要的世界地理著作。

華光礁一號宋代沉船（即「南海一號」）裝載的六棱白瓷執壺，帶有明顯的異域風格

從「南海一號」中發現的宋代金腰帶

假如有 10 箱陶瓷和 10 箱鐵器，那麼往船艙裏裝貨的時候，是應該先裝鐵器還是先裝陶瓷？

「南海一號」大量裝載的宋代瓷器

鄭和下西洋

在明代，「西洋」又叫「西洋大海」，指的是汶萊（或蘇門答臘島）以西的海洋，主要是今天的印度洋和沿印度洋的南亞、中東、東非諸國。汶萊的東邊，就是「東洋大海」，包括中國的南海，以及東南亞諸國。

鄭和又叫「三保太監」（也寫成「三寶太監」）。明代永樂年間，明成祖朱棣（dì）派他帶領船隊出使西洋各國，前後將近三十年，訪問了 30 多個國家和地區，最遠到達東非、紅海，開闢了貫通太平洋西部與印度洋等許多條航線。鄭和下西洋是中國古代規模最大、船隻和海員最多、時間最久的海上航行，也是當時世界上規模最大的海上探險。鄭和大人帶的船隊，有兩萬七千多人，船六十多艘。鄭和乘坐的寶船有四層，光水手就一百多人，彷彿 個巨大的移動城市。

總算醒過來了……這是哪裏啊？

那隻猴子又在擺弄時空之鏡了，我們被丟到明代，這是鄭和下西洋的寶船。

古時火長就是船長，負責指揮船航行的方向。戌時就是晚上 7 點到 9 點。大型艦隊和單獨的商船完全不一樣，組織非常嚴格。白天行船，看旗號；晚上行船，看燈籠，這樣才能保證艦隊不走散。「牽星板」用來觀測天象。天上的星星位置是不會改變的，用這種板子觀測一些星座，測出的數據，基本就可以確定船的方向和位置。「指」是牽星術的專用術語，指星星離水平面的高度。北辰星就是北極星，在正北方向，是不會移動的。地球是圓的，越向南走，它看起來就會越低。所以，如果「指」數少了，說明船的位置越來越靠南了。

 張火長，現在是甚麼時間了？

 回稟大人，現在已是戌時，天色已晚。我已用牽星板觀測過方向了，前些天看北辰星七指平水，現在看北辰星六指平水，我們現在是向南航行，沒有偏航。

 今天是陰天，要在「針房」觀測航向了。

用丁未針，七更，取錫蘭！

針房相當於今天輪船上的駕駛室，火長就是針房的主管。指南針，又叫羅盤，所以放指南針的房子又叫「針房」。配合指南針一起使用的還有《海道針經》，就是航線圖，記錄了指南針的方向、航線距離、沿途的島嶼、城市、地標建築等。因為導航必須使用指南針，所以叫「針經」。

羅盤上有 24 個小格，加上小格之間的中縫，可以指示 48 個方向。比如「丁未針」就是西南偏南的一個方向。航海時，把一天一夜分成十更。「取」，就是去的意思。「七更，取錫蘭」的意思是船向西南方向行駛，用七更時間，直達錫蘭。錫蘭，也就是今天的斯里蘭卡，靠近印度。按照船一更大約航行四十里的速度，這段海路約有二百八十海里。

建文帝

　　建文帝朱允炆是明太祖朱元璋的孫子,明朝第二個皇帝。他即位後,和鎮守北方的叔叔朱棣發生了矛盾。朱棣帶兵南下,攻下了首都南京,後來即位,這就是明成祖。但是混戰中皇宮起火,宮中並沒有找到建文帝的屍體。民間流傳着許多說法,說建文帝並沒有死,而是出逃海外,隱居在某個小國。而鄭和下西洋的目的之一,就是要尋找建文帝的下落。

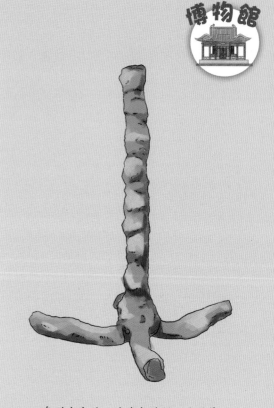

泉州出土的四爪海船鐵錨,民間傳為鄭和拋下的「定海神針」

　　船底座 α 星,中國傳統叫「老人星」,是全天第二亮的恆星,是南半球最亮的恆星。假如在航行中發現老人星的高度越來越低了,這條船應該是向哪個方向航行?

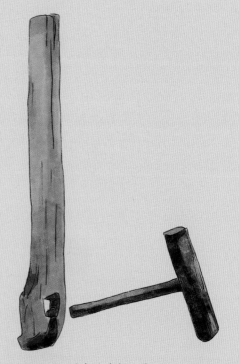

明代的造船工具

時間又向後推了一百多年，不知道船上的大家怎麼樣。

快看，那邊的木筏上有一隻猴子！別跑，你是哪裏來的猴子啊，為甚麼要拿我們的時空之鏡？

我要找神仙，學習本領。聽說拿着這個東西就可以到處跑，但我不太會用，給你們造成不少麻煩，實在對不起。時空之鏡還給你們。

他就是孫悟空，在明代成書的長篇小說《西遊記》裏，他連續漂過東洋大海和西洋大海，終於找到神仙。他會保護唐僧，沿着陸上絲綢之路去印度取經。所以，這兩條絲綢之路，無論是歷史，還是神話，都深深地刻在我們中國人的骨子裏，是我們中國人勇敢探索世界的象徵。

1

考古學家在古墓裏挖出一輛古車，請給車上的各個零件和它們的名字連上線吧。

軛

衡

轅

鑾

輿

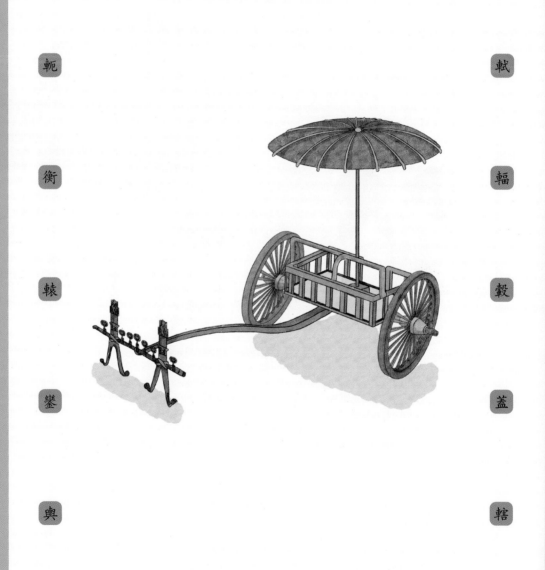

軾

輻

轂

蓋

轄

唐代宗廣德元年（763年）春，唐朝的官軍收復了安史叛軍佔領的河南河北，安史之亂結束了。杜甫一直在蜀地流浪，聽到這個消息，欣喜若狂，寫了一首詩《聞官軍收河南河北》。其中有兩句「即從巴峽穿巫峽，便下襄陽向洛陽」。這是他在規劃回家鄉的路線。巴峽，就是巴縣（今重慶市）長江上的峽谷；巫峽，就是今天長江三峽之一的巫峽。杜甫原籍襄陽，出生在洛陽（或離洛陽不遠的鞏縣，今河南鞏義）。請在下圖中畫出他規劃的回鄉路線吧。

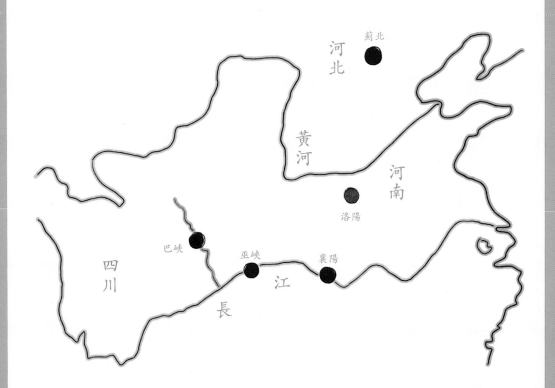

責任編輯	毛宇軒　林可淇
裝幀設計	趙穎珊
排　　版	高向明
責任校對	趙會明
印　　務	龍寶祺

一看就懂的中華文化常識（交通篇）

作　者	李天飛
出　版	商務印書館（香港）有限公司
	香港筲箕灣耀興道 3 號東滙廣場 8 樓
	http://www.commercialpress.com.hk
發　行	香港聯合書刊物流有限公司
	香港新界荃灣德士古道 220-248 號荃灣工業中心 16 樓
印　刷	嘉昱有限公司
	香港九龍新蒲崗大有街 26-28 號天虹大廈 7 字樓
版　次	2023 年 12 月第 1 版第 1 次印刷
	© 2023 商務印書館（香港）有限公司
	ISBN 978 962 07 4684 0
	Printed in Hong Kong

本書中文簡體字版本由廣東新世紀出版社有限公司在中國內地出版，
今授權商務印書館（香港）有限公司在中國香港特別行政區、澳門特別
行政區以及中國台灣地區出版其中文繁體字精裝本或平裝本版本。該
出版權受法律保護，未經書面同意，任何機構與個人不得以任何形式
進行複製、轉載。